Gudrun Hettinger

Weihnachtsschmuck mit Window Color

CHRISTOPHORUS
BRUNNEN-REIHE

Inhalt

3 Schöne Weihnachtszeit
4 So gehts
5 Tipps & Tricks

●●●●●●●●●●●●●●●●●●●●

6 Frohe Weihnachten
8 Nikolaus mit Engeln
10 Wolkenschaukel
12 Knusperhaus
14 Lebkuchen
16 Kugeln und Windlichter
18 Baumschmuck
20 Bilderrahmen
22 Beim Eislaufen
24 Schneemann-Parade
26 Am Nordpol
28 Weihnachtsmäuse
30 Krippe

Schöne Weihnachtszeit

Vorfreude ist die schönste Freude! Und das gilt ganz besonders für das Weihnachtsfest. Die Häuser werden mit Tannengrün geschmückt, Kerzen brennen, in den Wohnungen duftet es nach Plätzchen und die Kinder fragen täglich mindestens einmal: Wie lange dauert es noch?

Mit liebevoll gestaltetem Weihnachtsschmuck können Sie viel zur stimmungsvollen Vorfreude auf das Weihnachtsfest beitragen. Ob für das Fenster oder für den Baum, ob Nikoläuse, Engel, Lebkuchen, Schneemänner, Eisbären, Elche oder sogar Krippenfiguren – Sie werden sicherlich Ihr Lieblingsmotiv entdecken! Mit etwas Flimmer oder Glitzer verziert bekommen Ihre Kunstwerke auch noch ein weihnachtliches Flair.

Möchten Sie zu Weihnachten ein besonders gelungenes Foto verschenken? In einem individuell gestalteter Bilderrahmen kommt es gut zur Geltung und wird zu einem sehr persönlichen Geschenk.

Viel Freude und Erfolg beim Gestalten Ihrer Dekorationen und eine schöne, harmonische, stimmungsvolle Weihnachtszeit wünscht Ihnen ganz herzlich
Ihre

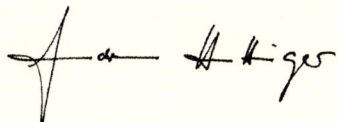

So gehts

1 Die Vorlage unter eine Folie aus Polyethylen (PE), Polypropylen (PP) oder unter eine Spezialfolie legen oder in eine Prospekthülle aus diesem Material schieben. Die Konturenfarbe entweder direkt aus der Flasche oder mit einer Guttadüse (0,6 - 0,9 mm) auftragen. Mit einem „Airliner" lassen sich die Konturen einfacher und ohne Druck auftragen. Dabei langsam, gleichmäßig und nicht zu dünn arbeiten. Die Konturen müssen dicht geschlossen werden. Die Konturen so auftragen, dass die Spitze der Flasche immer gezogen und nicht gegen den Strich geschoben wird. Eventuell Konturen nach dem Entfernen der Vorlage vorsichtig nachbessern. Die Konturen je nach Stärke des Auftrags bis zu zwei Stunden trocknen lassen.

2 Farbfelder deckend und gleichmäßig direkt aus der Flasche oder mit dem Airliner ausmalen, und zwar genau bis zur Konturenlinie, damit Kontur und Farbe verbunden sind. Um Lücken festzustellen, die Malerei immer wieder gegen das Licht halten. Bei zu dünnem Farbauftrag lässt sich das Motiv oft nur unvollständig ablösen. Auf kleine Felder Farbtupfen setzen und mit einem Zahnstocher oder einer Prickelnadel zum Rand ziehen. Die Farben sind zunächst milchig und werden nach dem Trocknen (etwa 24 Stunden) transparent und leuchtend. Dann das Motiv vorsichtig von der Folie lösen und auf Glas, Spiegel und Fliesen selbsthaftend anbringen. Von Kunststoff lässt sich das Motiv oft nicht wieder ablösen.

Tipps & Tricks

■ Flaschen nicht schütteln, da sich sonst Luftblasen bilden können. Am besten mit dem Verschluss nach unten in einen Behälter stecken.
■ Luftblasen sofort mit einer Nadel aufstechen.
■ Weiße Lichtreflexe in den Pupillen lassen die Augen lebendiger wirken. Mit weißem Lackstift einen Punkt auf die getrocknete Farbe auftragen.
■ Zusätzliche Glitzereffekte erzielen Sie durch Aufstreuen von Flimmer oder kleinen Glasperlen auf die feuchte Oberfläche.
■ Um den Flimmerauftrag gezielt vornehmen zu können, sollten die umliegenden Felder gut trocken sein.
■ Da die Glitzerfarben nicht so stark abdecken, ist es ratsam, eine Grundfarbe aufzutragen, z. B. Gelb bei Glitzer-Gold, Signalrot bei Glitzer-Rot und Grasgrün bei Glitzer-Grün.
■ Filigrane Teile oder Zwischenräume aus Stabilitätsgründen mit Crystal ausfüllen. So lösen sich die Teile besser von der Unterlage und sind einfacher wieder anzubringen.
■ Mit silber- oder goldfarbenem Gelstift können auf Schwarz effektvoll Konturen eingezeichnet werden.
■ Den Trocknungsvorgang nie durch Wärmezufuhr beschleunigen, die Oberfläche wird dann rissig.

■ Nicht gut deckende bzw. lückenhafte Farbaufträge können stellenweise wiederholt aufgetragen werden. Der erste Auftrag muss jedoch völlig abgetrocknet sein.
■ Übermalte Konturen können nach dem Trocknen mit Lackstift oder mit Konturenfarbe korrigiert werden.
■ Ungleichmäßige Stellen beim Auftrag der Konturen lassen sich mit einem Messer, Skalpell oder Wattestäbchen verbessern.
■ Beginnen Sie beim Aufkleben von größeren Motiven möglichst in der Mitte. Streichen Sie von innen nach außen faltenfrei auf, ohne das Teil zu dehnen.
■ Getrocknete Motive nicht aufeinander legen, sie kleben zusammen. Immer eine Schicht aus der entsprechenden Folie dazwischenlegen.
■ Sollten Teile beim Ablösen zusammenkleben, sofort unter kaltes Wasser halten und vorsichtig die Verklebung lösen.
■ Zum Aufbewahren die Motive in eine seitlich aufgeschnittene Prospekthülle aus PE oder PP stecken. So bleiben Ihre Kunstwerke bis zum nächsten Weihnachtsfest geschützt.

Frohe Weihnachten

Kontur
- Schwarz

Farben
- Signalrot
- Weiß
- Cognac
- Bernstein
- Hautfarbe
- Schwarz
- Strohgelb
- Grasgrün
- Gold
- Fuchsia
- Saphir
- Crystal
- Rosé
- Glitzer-Rot
- Glitzer-Grün
- Glitzer-Gold
- Glitzer-Diamant-blau

Zusätzlich
- Perlmutt-Flimmer, fein
- Pailetten-Sternchen

Vorlagen
A1 – A8

Pailetten-Sterne nach dem Trocknen mit Crystal aufkleben.

Nikolaus mit Engeln

Kontur
- Schwarz

Farben
- Signalrot
- Weiß
- Cognac
- Hautfarbe
- Schwarz
- Gold
- Strohgelb
- Saphir
- Weiß irisierend
- Blauviolett
- Himmelblau
- Glitzer-Gold

Vorlagen
B1 – B9

Die Sterne zuerst mit Gelb grundieren. Nach dem Trocknen mit Glitzer-Gold übermalen.

Wolken-schaukel

Kontur
- Schwarz

Farben
- Signalrot
- Fuchsia
- Weiß
- Cognac
- Bernstein
- Hautfarbe
- Schwarz
- Gold
- Strohgelb
- Saphir
- Grasgrün
- Hellgrau
- Himmelblau
- Crystal

Vorlagen
C1 – C4

Den Zwischenraum zwischen den Schaukelschnüren mit Crystal ausfüllen.

Knusper-
haus

Kontur
- Schwarz
- Weiß

Farben
- Signalrot
- Fuchsia
- Weiß
- Cognac
- Nougat
- Bernstein
- Strohgelb
- Gold

Zusätzlich
- Lackmalstift in Weiß

Vorlagen
D1 – D10

Die weißen Konturen nach dem Trocknen auftragen, entweder mit Konturenfarbe oder mit Lackmalstift.

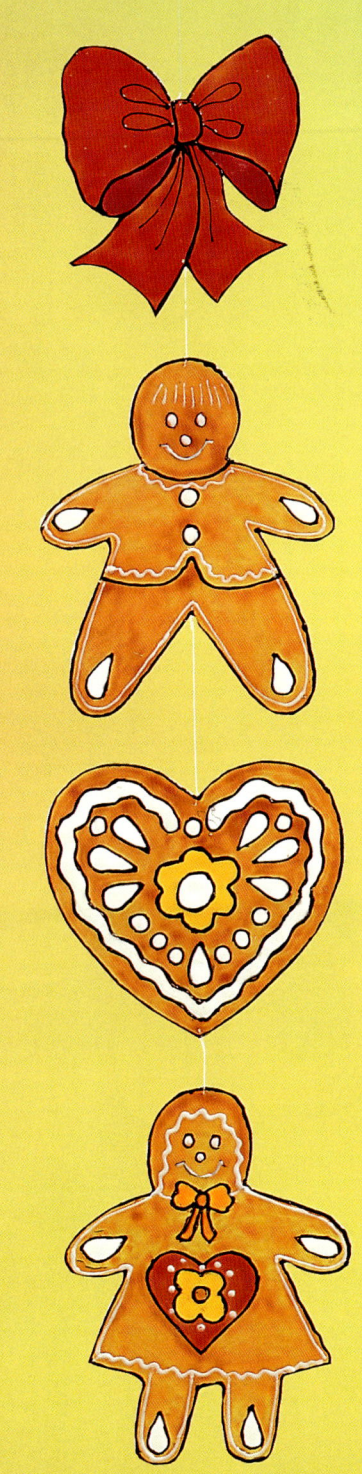

Lebkuchen

Kontur
- Schwarz
- Weiß

Farben
- Signalrot
- Fuchsia
- Weiß
- Cognac
- Nougat
- Bernstein
- Strohgelb
- Gold
- Meergrün
- Blattgrün

Zusätzlich
- Lack in Weiß
- Lackmalstift in Weiß

Vorlagen
E1 – E12

Die Dosen mit weißem Lack besprühen oder bemalen.
Den „Zuckerguss" nach dem Trocknen mit Konturenfarbe oder mit Lackmalstift auftragen.

Kugeln und Windlichter

Kontur
- Schwarz
- Weiß

Farben
- Signalrot
- Fuchsia
- Weiß
- Cognac
- Nougat
- Bernstein
- Schwarz
- Gold
- Strohgelb
- Grasgrün
- Glitzer-Gold

Zusätzlich
- Perlmutt-Flimmer, fein
- Glaskugeln, 13 und 10 cm ø
- Glaswindlichter, 15 und 11 cm
- Kunststoffdose, oval

Vorlagen
F1 – F8, B7

Die Tannennadeln nach dem Trocknen mit Konturenfarbe oder schwarzem Lackmalstift aufmalen. Die Motive können durch Handwärme leicht gedehnt werden. So wird das „Aufziehen" auf die Kugeln erleichtert.

Baumschmuck
Abbildung & Materialangaben Seite 18/19

Bei Kunststoffkugeln mit Malscheibe kann die Scheibe ohne Klebstoff eingelegt werden. Sie können aber auch aus Windradfolie eine passende Scheibe zuschneiden. Oder Sie befestigen das Motiv auf einer dünnen Folie, die zwischen die Kugelhälften gespannt wird.

Bilderrahmen
Abbildung & Materialangaben Seite 20/21

Motive nach dem Trocknen auf dem Glas anordnen und mit Sternchen und Schneeflocken verzieren. Der Schneeboden wird direkt auf das Glas gemalt. Damit sich die Kontur für den Bildausschnitt beim Übertragen auf den Rahmen nicht verzieht, können Sie die Motive auch gleich auf das Glas malen.

Baum-schmuck

Kontur
- Schwarz

Farben
- Signalrot
- Fuchsia
- Weiß
- Cognac
- Hautfarbe
- Schwarz
- Gold
- Strohgelb
- Grasgrün
- Saphir
- Weiß irisierend
- Blauviolett
- Himmelblau
- Hellgrau
- Glitzer-Gold
- Glitzer-Rot

Zusätzlich
- Perlmutt-Flimmer
- Pailetten-Sternchen
- Kunststoffkugeln, 10 cm, mit Malscheibe
- Kunststofftropfen
- Kunststoff-Glocke, 7 cm hoch
- Kunststoffhänger
- Kunststoffmedaillon

Vorlagen
G1 – G11

Anleitung Seite 16

Bilderrahmen

Kontur
- Schwarz
- Gold

Farben
- Signalrot
- Fuchsia
- Weiß
- Cognac
- Bernstein
- Strohgelb
- Schwarz
- Grasgrün
- Himmelblau
- Saphir
- Pfauenblau
- Ocean
- Glitzer-Diamantblau
- Glitzer-Gold
- Glitzer-Rot
- Glitzer-Silber

Zusätzlich
- Perlmutt-Flimmer, fein
- Bilderrahmen, 21 x 30 cm
- Bilderrahmen, 35 x 28 cm
- Tonpapier in Hellblau

Vorlagen
H1 – H2

Anleitung Seite 16

Beim Eislaufen

Kontur
- Schwarz
- Silber

Farben
- Weiß irisierend
- Hellbraun
- Schwarz
- Fleischfarbe
- Signalrot
- Maigrün
- Schneeweiß
- Gold
- Hellgrau mit Glitzer-Silber
- Glitzer-Grün

Zusätzlich
- Perlmutt-Flimmer

Vorlagen
J1 – J3, C3, C4

Schneemann-Parade

Kontur
- Schwarz

Farben
- Signalrot
- Fuchsia
- Weiß
- Cognac
- Nougat
- Bernstein
- Schwarz
- Strohgelb
- Grasgrün
- Saphir
- Blauviolett

Zusätzlich
- Perlmutt-Flimmer, fein

Vorlage K

Am Nordpol

Kontur
- Schwarz

Farben
- Weiß irisierend
- Schwarz
- Dunkelrot
- Signalrot
- Hellbraun
- Grün
- Bernstein
- Royalblau
- Frost
- Blau mit Schnee-weiß
- Gold
- Glitzer-Rot
- Glitzer-Gold
- Glitzer-Diamant-blau

Zusätzlich
- Perlmutt-Flimmer, fein

Vorlage L

Weihnachts-
mäuse

Kontur
- Schwarz

Farben
- Bernstein
- Goldgelb
- Hellbraun
- Gold
- Signalrot
- Dunkelrot
- Orange
- Royalblau
- Diamantblau
- Weiß irisierend
- Fleischfarbe
- Schneeweiß
- Grün
- Gold
- Glitzer-Rot
- Glitzer-Gold
- Dunkelgrau mit Schneeweiß
- Schwarz

Zusätzlich
- Lackmalstift in Gold

Vorlagen
M1 – M4

28

Krippe

Kontur
- Schwarz

Farben
- Signalrot
- Fuchsia
- Weiß
- Hautfarbe
- Cognac
- Nougat
- Bernstein
- Siena
- Schwarz
- Strohgelb
- Grasgrün
- Saphir
- Hellblau
- Hellgrau
- Rosé
- Glitzer-Gold

Zusätzlich
- Gelstift in Gold

Vorlagen
N1 – N5

Impressum

© 2000
Christophorus-Verlag GmbH
Freiburg im Breisgau
Alle Rechte vorbehalten –
Printed in Germany
ISBN 3-419-56399-X

Jede gewerbliche Nutzung der Arbeiten und Entwürfe ist nur mit Genehmigung der Urheberin und des Verlages gestattet. Bei Anwendung im Unterricht und in Kursen ist auf diesen Band der Brunnen-Reihe hinzuweisen.

Textredaktion:
Ursula Brunn-Steiner, Wiesbaden

Styling und Fotos:
Christoph Schmotz, Freiburg

Covergestaltung und Layoutentwurf:
Network!, München

Gesamtproduktion:
smp, Freiburg
Layout: Gisa Bonfig

Druck:
Freiburger Graphische Betriebe

Wir sind für Sie da, wenn Sie Fragen zu Autorinnen, Anleitungen oder Materialien haben. Und wir interessieren uns für Ihre eigenen Ideen und Anregungen. Faxen, schreiben Sie oder rufen Sie uns an. Wir hören gerne von Ihnen!
Ihr Christophorus-Team

Christophorus-Verlag GmbH
Hermann-Herder-Str. 4
79104 Freiburg
Tel.: 0761/ 27 17-0
Fax: 0761/ 27 17-3 52
oder e-mail:
info@christophorus-verlag.de

Profi-Tipp der Autorin

Mobiles & Grußkarten

Die Motive können verkleinert auf Windradfolie, 0,2 mm oder 0,4 mm stark, gemalt, ausgeschnitten und zu einem Mobile oder als Bandornamente angeordnet werden. Kleinere Motive eignen sich auch für Weihnachtskarten: Hier ebenfalls auf Windradfolie malen. Die Bilder ausschneiden und auf Klappkarten anbringen oder in einer Passepartout-Karte fixieren.

Weitere Titel aus der Brunnen-Reihe